BORTOM SKYMNING

I

SKUGGAN AV LIVET

VOLYM 9

EN VACKER GRYNING

Mikael Gårdhagen

BORTOM SKYMNING

I

SKUGGAN AV LIVET

VOLYM 9

EN VACKER GRYNING

Mikael Gårdhagen

Förlag: BoD · Books on Demand, Östermalmstorg 1,
114 42 Stockholm, Sverige, bod@bod.se
Tryck: Libri Plureos GmbH, Friedensallee 273,
22763 Hamburg, Tyskland
ISBN: 978-91-8080-751-7

Jag är en författare som har ett intresse av att skriva texter och komponera dessa verk (som ett sätt att distrahera ensamheten), som hittills uppgår till 1614 låtar skrivna och några inspelade till detta datum 2024-08-21.

Min ambition är att skriva nya låtar, med visionen att spela in låtarna i en riktig studio (x_x)

APRIL, APRIL   (1566)1

Intro: A7 D A7

cmaj7 G6
April,   april säger de som skojat
                          A7 /
med någon som de lurat, för
                  D /
att gotta sig åt sprattet, de
                          A7
lyckats utföra med bravur.

cmaj7 G6
April,   april säger de småfyndiga
                  A7 /
som lurat de godtrogna, att
                          D /
tro på lögnen som de berättade,
                    A7
för åhörares nyhetslystnad.

Ref.

cmaj7 G6   cmaj7 G6
April,   april, april,   april du arme sate,
              D   A7
som tror på lögnen som folk förtäljer till dig.

cmaj7 G6
April,   april du arme sate
                A7 /
som blivit lurad av politiker,
                D /
som skulle vårda vallöften,
                A7
till att bli en triumf för dig.

cmaj7 G6
April,   april du enfaldige vän
                A7 /
som flisat tänderna på benet,
                D /
som de kastade ut till dig, för att
                A7
sedan bara upptäcka sanningen.

Mikael Gårdhagen
2024-04-01 BODEN

Intro: D A7

A
Det finns de som har
               D
bedrägliga avsikter som
                  A7
är själlösa, giriga och onda
              D
manipulerande personer.

A
Dessa ondskans avkommor

är bara ute efter att berika sitt
   D   A7
eget liv, med andras egendom
               D
som de gör att för att erhålla.

A
Dessa likplundrare drar
          D
sig inte för att döda dig,
             A7
för att komma över dina pengar,
                D
när de skottat ner dig med glädje.

A
De finns de som kommer

undan med sin ondska de
  D
begått, medan andra åker
A7   D
fast och får sona sitt brott.

A
De som gömmer sig bakom ett
                    D
sken av anständighet, kan bli din
                              A7
värsta mardröm och bödel en dag,
                        D
när de dansar på din grav frände.

Mikael Gårdhagen
2024-05-05 BODEN

BEFRIAD AV DÖDEN   (1533)1

Intro: am7 C D7 am7

am7
Somliga av oss känner

ett sådant fasansfullt
dm
lidande, att vi vill bli
                        am
befriade av dödens vila.

am7
Somliga av oss förlorar

vårt sinne till att glömma,
                dm
när själen går vilse i vårt
                        am
inre kosmos för att förtvina.

BEFRIAD AV DÖDEN (1533)2

am7
Somliga författare slutar

endast skriva om de drabbas
        dm
av elak demens, eller blir
                    am
entledigad av dödens öde.

am7
Somliga tänker varenda dag

på att de vill bli befriad av
dm
döden, som en önskan att
                am
slippa ifrån sitt dilemma.

Mikael Gårdhagen
2023-12-25 BODEN

BEGRAVNINGSVÅNDA (1547)1

am7
Jag har en vånda för hur

själen ska känna sig vid sin
    dm
egen begravning, när tiden
                       am
är kommen att lämna jordelivet.

am7
Jag har ågren för mitt kommande
            dm
frånfälle, huruvida min själ kommer

att uppleva och känna av, att bli
       am
lagd i kista eller bränd.

am7
Jag har en tanke om hur

det känns att bli instängd
     dm
och brännas i en ugn, eller
     am
att bli inlåst i en kista.

BEGRAVNINGSVÅNDA (1547)2

am7
En tanke som inte känns så
                        dm
trevlig att tänka på inför döden,

hur själen ska känna av det
                    am
som vi dödliga kallar döden.

am7
När själen lämnar vår kropp
                  dm
för att möta ett nytt forum,

för att utforska ett mysterium
                    am
som är en gåta för oss levande.

Mikael Gårdhagen
2024-02-17 BODEN

15

BODENS FÄSTNING   (1541)1

A7
En del har väl sett och hört

talas om Karl-Bertil Jonssons
    D /// A7
Julafton,   Han som gav bort en
                              D
tändstickstavla av Bodens fästning.

A7
Den där Norrbottens sista utpost

som skulle försvara landet mot
      D /// A7
den lede fi,   ifrån Ryssland en
              D
diktatur öster om Boden.

A7
Bodens fästning uthuggen ur

granit som ska stå pall för
       D /// A/
bomber och granater, som
             D
skulle utgöra en del av försvaret.

BODENS FÄSTNING (1541)2

A7
Bodens fästning som gavs till en
                        D ///
fattig som en gåva av Karl-Bertil,
A7
som skulle skänka glädje av omtanke
 D   A7
i natten, till en hemlös stackare.

A7
Rödbergsfortet numera ett

av stadens mest besökta turist
     D /// A7
attraktion, som vittnar om forna

orostider som nu ligger i tiden.

G   A7
Fästning som nu blev ett signum
          D
till en busskur i Boden.

Mikael Gårdhagen
2024-02-03 BODEN

BRÄNNVIN FÖR STÅLARNA   (1575)1

em
Jag ska ta en bläcka som varar från
      A7   C
fredag till söndag, där sinnet dansar
         D / G
i neon till olika nyanser, som får mig
 A7   D
i stämning att njuta av elixirets rus.

em
Jag ska ta mig en bläcka som får mig
  A7   D   D / G
att glömma det som tynger mig, då
                  A7
jag även distraherar mitt sinne med
              D
att skriva och sjunga om kärlek.

Ref.

G   A7
Jag ska köpa brännvin för stålarna
G   D
och supa mig full till helgen.
G   A7
jag ska köpa brännvin för stålarna
G   D
och hoppas spriten räcker hela helgen.

BRÄNNVIN FÖR STÅLARNA (1575)2

```
em                           A7
Jag tog en bläcka och herregud
C                       D /
det ruset varade en hel vecka.
G                         A7
Det är väl det de menar i folkmun
                          D
med att man dricker för mycket.
```

```
em
Jag tog en bläcka som gjorde mig
A7    C
bakis så herregud nu vet man hur
  D /     G          A7
det känns, att ha blykeps, så nu
                        D
blir man absolutist i en vecka.
```

Mikael Gårdhagen
2024-04-19 BODEN

```
A7                D
De har blivit hänförda av
                        A7
en blek politik som ogillar
          D /    G
de annorlunda, som de nu vill
                        A   D
att deras väljare ska förtrycka.


A7                        D
De har blivit så bländade av
                  A7
falska påståenden att de gick
          D /     G
vilse i valdebatten, som gör
                        A D
dem till valoffer för en diktatur.
```

DE HÄNFÖRDA (1507)2

A7   D
De har blivit så hänförda att
            A7
de sänker garden för det
            D /   G
moraliska ansvaret, för att
                        A D
vinna egna fördelar i valet.

A7   D
De har blivit så hänförda att
                    A7
de skiter i dig som människa,
                D /   G
för att gynna sig själva, även fast
                        A   D
du trodde att de var dina kompisar.

Mikael Gårdhagen
2023-08-27 BODEN

DE KALLAR OSS SENIORER (1582)1

Intro: A

A7
De kallar oss seniorer den

ålder då ny teknik gör oss
        D
påminda om, att den är
                        A7   D
besvärlig att hantera i vardagen.

A7
E-faktura vad tusan är det

för nåt, här betalar vi med
            D
bankgiro via snigelpost, och
                    A7   D
inte data som vi inte fattar.

A7
Facebook, Instagram och Twitter

det är ingen idé nu när alla
        D
vänner är döingar, och inte
                    A7 D
längre kan kommunicera.

DE KALLAR OSS SENIORER (1582)2

A7
De kallar oss seniorer den

ålder då artrosen låter som
      D
pistolskott, och man knaprar
                       A7   D
mediciner för att hålla sig kry.

A7
Autogiro och Swish nä för tusan
               D
de ska vara riktiga pengar, så
        A7
man har koll på utgifterna för
       D
vi betalar gärna kontant.

A7
Parkeringsapp nej tack det är
         D
så krångligt att man blir tokig.
       A7
Gps att navigera nä för tusan
       D
så dementa är vi inte ännu.

Mikael Gårdhagen
2024-04-24 BODEN

em
De finns de som offrar
        A7
sitt eget liv för att hjälpa
            em
något annat väsen, eller
                      A7
av någon annan orsak i livet.

em
De finns de som offrar
        A7
sitt eget liv på slagfältet,
                    em
för att kämpa för sitt land
                        A7
i skyttegravarna mot en övermakt.

DE SOM OFFRADE SIG (1513)2

em
De finns de som offrar
                  A7
sin egen levnad för vänskap,
                        em
men får ingenting tillbaka
      A7
som ger vänner.

em
De finns de som offrar
       A7
sitt eget liv, men får
                   em
ingenting för sin uppoffring
             A7   em
men ger dem någonting.

Mikael Gårdhagen
2023-09-23 BODEN

Intro: C D A7

A
Demokratur vad fan är det
   D /   C
för något? Jo du förstår
D /   A7
Kalle det betyder demo av
                              D
demokrati och kratur från diktatur.

A
Demokratur är när en politik
          D /   C
framhävs på sätt, som inte tar
   D / A7
hänsyn till de löften som gavs,
                            D
till de medborgare som röstade.

Ref.

G   A7 / G   A7 / C
Demokratur, demokratur är för dem
                  D /   C
som skiter i andra människor, och
                              D /
kan sniffa kokain på kanslitoaletten
G   A7
utan att behöva göra drogtester.

A
Demokratur ja för fan Sture,
D / C
det beskriver precis den jävla
     D / A7
diktatur blårockar, SD, KD och
                              D
partier som lierar sig med ondskan.

A
Demokratur är överheten av en
           D / C
oförstående elit   som inte känner
     D / A7
empati, för de marginaliserade
                         D
som de bedriver sin häxjakt på.

Mikael Gårdhagen
2024-04-06 BODEN

DEN BÄSTA STUNDEN PÅ DAGEN   (1558)1

```
A                         D
Den bästa stunden på dagen

är när jag vandrar förbi den
                          A7
där förskolan barnkompaniet,
                      D     A7
och ser barnen leka fridfullt.



A                         D
Den bästa stunden på dagen

är när jag ser och hör barnen
            A7
tjoa av förtjusning, att leka
                    D       A7
tillsammans med kamrater.
```

Ref.

```
A                          D
Den bästa stunden på dagen
                    A7
är vad du gör den till i livet.
A                          D
Den bästa stunden på dagen
                            A7
är kanske bara att se barnen leka.
```

DEN BÄSTA STUNDEN PÅ DAGEN (1558)2

```
A                         D
Den bästa stunden på dagen

är när jag tänker på dessa
        A7
små krabater, som skänker mig
D                         A7
glädje att bara se dem roa sig.



A                         D
Den bästa stunden på dagen

är när min glädje går i
    A7
uppfyllelse, då jag träffar på
D                              A7
småttingar som leker med varandra.
```

Mikael Gårdhagen
2024-03-20 BODEN

A7
Den enfaldiga moralisten

säger att si och så ska det
D /   G
vara, när han moraliserar och
                              A
tror sig förkunna regler till andra.

A7
Den enfaldiga moralisten

vet att det han säger till
        D/   G
andra människor, är förgäves
                        A
för att de inte bryr sig.

```
A7
Den enfaldiga moralisten
                              D /
predikar envetet sin rappakalja,
G
även fast han vet att ingen
                              A
lystrar på sådan etik numer.


A7
Den enfaldiga moralisten

gaggar på i sann moralisk
D /   G
anda, för att försöka påverka
                   A
andra människor till förändring.
```

Mikael Gårdhagen
2023-11-24 Umeå

```
A7                      D
Den ofelbare besserwissern

pladdrar på även fast han
                A7 /  G
vet att han har fel,   så ska
                        D
han vinna varje diskussion.


A7                      D
Den ofelbare besserwissern

ska alltid ha rätt i sak och
                        A7 /
allt, man blir så jäkla less,
G                       D
på att höra på sånt trams.
```

DEN OFELBARE BESSERWISSERN (1530)2

```
A7                      D
Den ofelbare besserwissern

vill konversera tills han
                    A7 /
övertygat sin omgivning,
G                       D
att han minsann har rätt.


A7                      D
Den ofelbare besserwissern

ger sig aldrig även fast du
       A7 /   G
har bevisat, att han har fel,
                 D
så är han obeveklig.
```


Mikael Gårdhagen
2023-12-10 BODEN

am7
Längtan är den sista

mänskliga utposten av din
D /   C
önskan, som skänker ditt
     G7   am7
sinne hopp om lyckliga dagar.

am7
Längtan är den bro av hopp
                 D /
som din tanke förmedlar,
C   G7
som en känsla att en dag
        am7
kan det ske.

Ref.

G   D   A7 /
Längtan är den sista utposten av din tanke,
G   D   A7 / C
så länge du håller den vid liv,   så lever hoppet
D   am7   D
vidare tills ödet avgör ditt liv.

am7
Längtan är ett lidande

av väntan på att detta
        D /   C
något ska hända, som gör
    G7   am7
att du blir lycklig en dag.

am7
Längtan är detta något

som vi bara hoppas uppnå
 D /   C
i närtid, så att vi kan njuta
G7   am7
av det vi önskar oss.

Mikael Gårdhagen
2024-01-20 BODEN

Intro: am   cmaj7 G6 am

am7
Den sjätte illusionen inträffar
                        dm
sinnet uppfattar att själen
                    am7
lämnar sitt kärl kroppen, för ett
                            dm
tillstånd som vi kallar döden.

am7
Den sjätte illusionen är när själen
                            dm
abstrakt ser sitt kärl utifrån, för
                    an7
att betrakta den kropp de nu lämnar
                        dm
över till kära att begrava.

am7
Den sjätte illusionen börjar

sin färd, när själen känner att
  dm   am
det kärl som den besitter, nu
                            dm
är förbrukad för att leva vidare i.

am7
Den sjätte illusionen är kanske
             dm
det ljus du ser i fjärran, som ger
                 am7
dig vägledning som en välsignelse,
                 dm
när din själ finner vila i ett paradis.

Mikael Gårdhagen
2024-03-16 BODEN

am7   C
Den tid som flyr våra liv
          E7   am / E7
förtvinar vår ungdom, till
              am /   G7
att långsamt åldras, för att
                              am
till slut lämna det jordiska livet.

am7   C
Den tid som flyr sin födelse
             E7   am /   E7
för att lämna dess vagga, för
          am /   G7
att driva framåt mot okända
                       am
domäner, där tiden stannar.

```
am7                        C
Den tid som flyr mot sitt öde,
            E7
för att slutligen möta en
      am /     G7
stjärnhimmel, där döende stjärnor
                         am
vittnar om en mörk begravning.


am7
Den tid som flyr och till
C                      E7
slut kommer att bilda en ny
        am / G7
singularitet,   som grundar en
                      am  am7
vagga för en ny födelse av tid.
```

Mikael Gårdhagen
2023-10-19 BODEN

DET HÄNDE IDAG   (1545)1

```
A7             D
Det hände idag när jag

fyllde 65 år och gick i
    A /
pension, då blev jag fri
              D
ifrån arbetsplikten.


A7             D
Det hände idag äntligen

efter så många år som jag
    A /
blev utsatt, för moderaters
                  D
förtryck och förnedring.
```

DET HÄNDE IDAG (1545)2

```
A7          D
Det hände idag men nu

är det för sent att njuta av
A /
livet, för jag är döende i en
                      D
sjukdom som tär på mig.


A7          D
Det hände idag jag blev

fri utan en anständig
                 A /
pension att leva på, så nu
                   D
väntar jag bara på döden.
```

Mikael Gårdhagen
2024-02-17 BODEN

em
Livet är så skört när en vän

försvinner in i det vi kallar
    A7
evigheten, för att återbördas
                        D   A7
till förfäders vila med frid.

em
Livet är så skört när livet
                  A7
tar slut för våra älskade, som
                  D
vi nu minns med kärlek när
                        A7
döden påminner oss om dem.

Ref.

G   A7   D /
Du kära vän din sorg är min.
G   A7   D /
Du kära vän din sorg är min.
C   D
Du kära jag fäller en tår för
                  A7
vår vän som gick bort.

DIN SORG ÄR MIN (1569)2

em
En sorg för oss tillsammans

kära systrar och bröder som
   A7   D
fäller tårar, i en tid av sorg
                        A7
där vi förenas av tårar som faller.

em
Er sorg är vår sorg som vi nu
     A7
delar tillsammans, för att
            D
minnas vår kära bortgångne,
          A7
som nu ger oss tårar att minnas.

Mikael Gårdhagen
2024-04-09 BODEN

DÅ SJÄLEN TAR FARVÄL   (1573)1

am7
Då själen tar farväl av det
        D7
jordliga livet, när din själ
            am7 / C
färdas till en plats, som de
                        am
kallar paradiset för att vila.

am7
Då himlens änglar välkomnar
          D7
dig att förenas, med förfäders
                am7 / C
kärlek för att vila tryggt, i
                        am
deras famn som skänker frid.

DÅ SJÄLEN TAR FARVÄL (1573)2

am7
Då himlen öppnar sig och
                    D7
fäller tårar av regn i sorg,
                    am7 /
för en själ som gick bort,
C   am
för tidigt i livets skede.

am7
Då himlen bjuder dig på
        D7
ett stjärnfall, som får dig
                    am7 /
att minnas dem som fallit,
C   am
men som vi ej glömt att älska.

Mikael Gårdhagen
2024-04-15 BODEN

DÅ SKUGGORNA DANSAR   (1563)1

Intro: am C G7 am

am7
När månen lyser upp vår
D
tillvaro och mystiken når vrår
        am7 / C
av vårt sinne, då skuggorna
G6   am
dansar i fullmånens sken.

am7   D
Då skuggorna vaknar till liv
                          am7 /
och håller din fantasi levande,
C   G6
För att ta dig till ett skymningsland
                          am
där verkligheten upphör.

Ref.

C   D /
Då skuggorna dansar i månens sken
G6   am7 am   2ggr.
håller drömmar och fantasin vid liv.

DÅ SKUGGORNA DANSAR (1563)2

```
am7
Då skuggorna dansar för din
D
upplevelse att ta mystiken
am7 /  C
vidare, för att uppleva sinnets
G6                              am
kusliga domäner att vandra i.


am7
När din närvaro avger en
D
siluett som dansar i månens
am7 / C
sken,  för att påminna dig om
G6                              am
mystiken som ödets stund ger.
```

Mikael Gårdhagen
2024-03-29 BODEN

DÖDA KLÄR INTE I GRÖNT (1580)1

Intro: am C am

am7   D
Döda soldater klär inte i grönt

för då kan de inte försvara
   am7 /   C
sitt land, mot de lede fi som
         D   am
då kan segra och sprida ondska.

am   D
Vapenvägrare vill inte göra lumpen
                             am7
för de anser att de inte klär i grönt,
                   C
och för att de inte tycker om att
D   am
hantera vapen som dödar.

```
am7                          D
Det börjar en dag med mönstring

för att göra tester om du är lämplig
          am7                        C
att göra värnplikten, om du blir antagen
          D                         am
så får du veta att grönt innebär exercis.


am7
Så därför vill vissa inte klä sig
 D                      am7
i grönt och få skyttegravsfot, för
                         C
att skyffla jord i nationens namn,
          D               am
för att få veta att krig är hemskt.
```

Mikael Gårdhagen
2024-04-22 BODEN

em
I eftertankens trädgård föds

en gåva av ord som skapar
A7 /   G
meningar, och lämnar ett arv
   D   em
till världen ett existera i skrift.

em
I eftertankens trädgård där

gränsen mellan fantasi och
                    A7 / C
verklighet suddas ut,   som
                              em
ger oss visioner att drömma om.

Ref.

G   D   am /
En gåva från sinnet ristat i sten på ark eller i dator,
C   em
som en efterlevnad till just dig min vän.

EFTERTANKENS GÅVA (1520)2

em
I eftertankens trädgård odlas

ett frö av längtan som en dag
   A7 /   G
kan blomstra, för att uppleva
D   em
kärlek som ger livet en mening.

em
I eftertankens trädgård där

sinnet vankar planlöst i en
A7 / G
öken, tills du hittar en oas av
D   em em7
kärlek där en kvinna väntar på dig.

Mikael Gårdhagen
2023-10-06 BODEN

EN FOT I GRAVEN   (1548)1

```
am7
Jag känner en kvinna
                dm ///
som har en fot i graven,
am7
för hon har drabbats av
                        dm      C  G7  am7  am
cancer som tyvärr är obotlig.


am7
Jag känner en underbar
                    dm ///
person som försöker att leva,
am7
och göra det bästa av situationen
                dm          C  G7  am7  am
medan döden nalkas.


am7
Jag känner en kvinna

som måste sitta när hon
dm /// am7
sover,  för smärtorna är så
                    dm      C  G7  am7  am
mycket värre när hon ligger.
```

EN FOT I GRAVEN (1548)2

am7
Jag känner en Lotta som

har förstått att livet är
  dm ///   am7
förgängligt, nu när cancern
          dm   C G7 am7 am
sprider sig i kroppen.

am7
Med palliativ vård i livets
                        dm ///
slutskede hoppades hon att slippa lida,
am7
för att tillslut vila tryggt bland förfäders
                    dm   C G7 am7 am
kärlek där änglar vakar över henne.

Mikael Gårdhagen
2024-02-24 BODEN

EN LÅNG VÄG TILLBAKA   (1556)1

```
A                         D
Det är en lång väg tillbaka

för en del som drabbas av
                          A7
sjukdom och olika krämpor,
                              D     A7
som hämmar dem i deras liv.



A                         D
Det är en lång väg tillbaka
                              A7
för en del att återfå sitt liv,
                              D
som de levde innan de drabbades
                                  A7
av ett livsöde som hämmar dem.
```

Ref.

```
C                     D   C                         D
Det är en lång väg tillbaka. Det är en lång väg tillbaka.
C                     D   G                         A7
Det är en lång väg tillbaka för att bli fri från symtom.
C                     D   G                         A7
Det är en lång väg tillbaka för att bli frisk för vissa.
```

EN LÅNG VÄG TILLBAKA (1556)2

```
A                          D
Det är en lång väg tillbaka

för en del att återfå sin fysiska
A7
status, för att leva ett drägligt
D                           A7
liv om de nu lyckas uppnå det.



A                          D
Det är en lång väg tillbaka
                         A7
för en del, men inte alla lyckas
                     D
infria sina förväntningar, för ödet
                       A7D
var inte på deras sida i livet.
```


Mikael Gårdhagen
2024-03-16 BODEN

Intro C D am

am7
Jag vill skiva en melodi

att spelas i himlen för dig
D
kära, som gick bort en
        am7   D
vacker vårdag i April 2024.

am7
Jag vill spela och sjunga

en melodi som handlar om
D
oss, och det kära som vi
am7   D
delade innan du lämnade livet.

Ref.

G   A7 /
Jag vill skriva en melodi för himlen,
G
som förfäder och änglar gläds åt att
D /   C
höra, när jag spelar denna melodi för
D /   A7   D
dem, som skänker omtanke att förenas.

EN MELODI FÖR HIMLEN (1570)2

am7
Jag vill minnas dig som du
                              D
var innan döden kallade på dig,
                           am7
som gjorde mig sorgsen att
                           D
skriva en fin melodi om oss.

am7
Jag vill möta dig en dag i
                    D
himlen för att återförenas

bland stjärnor, som ännu
am7   D
glöder av kärlek på himlavalvet.

Mikael Gårdhagen
2024-04-13 BODEN

E7
En del har väl hört talas
                          am7 /
om den där rock generationen,
C   G7
som snart kommer att flytta in
                              am7
på äldreboenden runt om i landet.

E7
Då blir det mindre psalmer
          am7 / C
och Evert Taube, för nu rockas
          G7   am7 /
det till AC/DC och Aerosmith,
E7   am7
när personalen ger oss tillfällen.

E7
Då ylar vi som prärievargar
                          am7 /
till månen när vi sjunger karaoke.
C
För nu rockas det förfullt i
G7   am7
sällskapsrummet till hårdrock.

E7
O så en dag kanske du själv
                          am7 /
hamnar i ett av dödens väntrum,
C
på något ålderdomshem, om du
G7   am7
nu inte kommer att dö hemma,

E7
En dag skojade vårdarna

med mig och tog bort
am7 /   C
strängarna, så nu spelar
              G7   am7
jag på en naken gitarr tydligen.

E7
Så den dan gav filurerna mig
                          am7 /
en oklädd gitarr utan strängar
      E7 / C
och sa: Nu RockGårdis kan du
G7   am7
spela, för det stör inte oss.
                              Mikael Gårdhagen
                              2024-01-26 BODEN

```
D                      A7
Du har säkert hört nån

polare skräda till orden
        D      G
och rabbla: En sån som
D                          A7
du, för att du lyckats med nåt.


D                      A7
De e den där jäkla tonen
               D    G
av missunnsamhet som du
                       D
får höra av falska vänner,
                          A7
som inte är trevligt för dig.


Ref.

G           A / G           A7 / G
En sån som du, en sån som du    ska väl för fan
    D /  C              D /   G
inte tro, att du är märkvärdig, för att du lyckas
 A7
i livet.
```

```
D                     A7
Sådana där jävla typer

som man bara vill vara
D      G
utan, för att de sabbar
   D                      A7
livsglädjen man vill sprudla.


D
När de säger: En sån som
A7                  D  G
du, då vet man att nu är

du inte polare med mig nå
D                     A7
mera, tack och lov för det.
```

Mikael Gårdhagen
2023-08-15 BODEN

am7
En vacker gryning kommer

du att vakna till en underbar
D7 /// am7
dag, då solen strålar av glans
                                        D7
och ger dig förutsättningar att le.

am7
En vacker gryning kommer

du att vakna bredvid en
        D7 ///   am7
underbar kvinna, som älskar
                      D7
dig av hela hennes hjärta.

am7
En vacker gryning kommer

du att bara njuta av dagen,
                    D7 ///
som du ser framemot att möta,
   am7   D7
när du och din älskade ska träffas.

am7
En vacker gryning kommer

du att möta skiljevägen, då
                    D7 ///
du väljer rätt vägval i livet,
   am7   D7
och bara gläds åt att lyckas.

Mikael Gårdhagen
2024-02-17 BODEN

```
A7                      D
Jag skickade en flaskpost
                 A
från mig till framtiden som
            D
någon kan hitta, och ringa
                   A
eller maila mig om fyndet.


A7                      D
Jag skickade en flaskpost
               A
för att du ska påminna mig
                  D
om att jag kanske finns, när du
                        A
läser detta jag skrivit till dig.
```

Ref.

```
G                               D / A7
En flaskpost som kommer att nå dig,  en dag i
     D      G                           D
framtiden, för att kanske säga att du hittat mig.
```

```
A7                        D
Jag skickade en flaskpost
                      A
som en hyllning till livet,

om vår natur och levande
D                           A
varelser, som kan ströva fria.


A7                       D
Jag skickade en flaskpost
          A
som en påminnelse till mig
          D
om framtiden, att även träd och
A                                 D
varelser behöver vatten för att överleva.
```

Mikael Gårdhagen
2023-09-09 BODEN

FULL AV LÄNGTAN (1591)1

A
Det är så svårt att skriva

dikt om glädje när livet är
  D
förjävligt, men man ändå
                        A7
längtar efter ömsinta stunder.

A
Att bygga upp en längtan

av förnimmelse i sinnet,
                    D
gör dig både glad och ledsen
                    A7
ibland när känslor svallar.

Ref.

G   D7
Jag är så full av längtan att få delta i livets poesi.
G   D
Jag är så full av längtan att få möta din kärlek.

FULL AV LÄNGTAN (1591)2

A
Att möta en längtan av

känslor för att kunna
        D
balansera sinnet, med en
             A7
känsla av hopp inför framtiden.

A
Det är så smärtsamt för

sinnet att bara vänta på
      D
någonting, ska hända i
         A7
som bekräftar din längtan.

Mikael Gårdhagen
2024-05-04 BODEN

FÖRLÅT ATT JAG HÄDAT (1605)1

Intro: C G7 am

am7
Nu när livet håller på att
     D
ta slut för mig, så vill jag
        am7 /
be om förlåtelse att jag hädat,
G7   am
när jag sa att Gud inte finns.

am7
Nu ligger jag här för döden

och hoppas att jag får dö
  D   am7 /
fridfullt, medan jag vill tro på
G7   am
att det finns ett paradis för mig.

am7
Och nu ber jag till en Gud

jag förnekat att ge mig en
  D   am7 / G
dag till, med mina kära   att
       am
ännu en dag umgås med.

FÖRLÅT ATT JAG HÄDAT (1605)2

```
am7
Det är så för en del av oss
            D
förnekare av Gud, att en
                        am7 /
del av oss kommer att be,
G7                          D
för att bli välsignade att få frid.


am7
Det är ateistens sista bön
              D
och vilja att få nåd, för att
        am7 /  G7
passera porten till paradiset
              am
där tröst väntar.
```

Mikael Gårdhagen
2024-05-22 BODEN

A   A7
Gillar du mej så gillar jag
 D   A7
dej, som en slags symbios
                        D /
av ett kompensations okay,
G   A7
för att nu är du min vän minsann.

A   A7
Gillar du mej så gillar jag
 D   A7
dej, för du är okay som
              D / G
ger tummen upp, för det
                    A
som jag delat på nätet.

A   A7
Gillar du mej så gillar jag
 D   A7
dej, även fast du delar
    D / G
nå skit, som jag tar
                       A7
avstånd ifrån att gilla.

A   A7
Gillar du mej så gillar jag
 D   A7
dej, tills du skriver nå
D / G
skit, och ger mig en taskig
                        A7   D
kommentar som sårar mig.

Mikael Gårdhagen
2023-07-13 Boden

Intro: am am7 am

am7   dm
Giv mig en stund utan smärta

som tynger mitt sinne med
am7 /   C
lidande, en stund av glädje av
    dm   am
att slippa plågas av sjukdom.

am7   dm
Giv mig en stund till på jorden

innan jag dör ensam, och lämnar
        am7 /   C
över min själ,   till det okända där
      dm   am
jag försvinner in i skuggan av existens.

Ref.

C   A7
Giv mig en stund att minnas
                                  D
den tid som betydde någonting.
C   A7
Giv mig en stund att minnas
C   D
dig älskade vän innan jag dör.

am7   dm
Giv mig en stund av lycka

att uppskatta mitt liv innan
        am7 /   C
jag dör olycklig, för att tyna
        dm   am
bort i historien när bläcket bleknar.

am7
Giv mig en stund av frid i mitt
dm
liv, där jag inte känner oro inför
            am7 /   C
att möta min framtid, som nu fått
            dm   am
diagnosen progressivt lidande över tid.

Mikael Gårdhagen
2024-04-29 BODEN

HEMSÖKTA VRÅR   (1524)1

am7
De hemsökta vrår där
                    D7
osaliga vålnader huserar
                am7 / C
som ej finner ro,   för att
                              am
de har ouppklarade affärer.

am7
De hemsökta vrår som en
                        D7
energi av okänd anledning
                        am7 /
uppenbarar sig för dig,
C   am7
för att ge sig till känna.

am7
De hemsökta vrår där du
                    D7
du möter rastlösa spöken,
                        am7 /
som ej vandrat över bron
C   am
till de dödas sista vila.

HEMSÖKTA VRÅR (1524)2

am7
De hemsökta vrår där du
     D7
möter själar som avger
        am7 / C
sin energi,   i både gott
                    am
och ont syfte i sitt uppsåt.

am7
De hemsökta vrår som både
          D7
änglar och demoner viskar
      am7 / C
till de fallna, att uppstå
                  am
som frälsta eller fördömda.

am7
De hemsökta vrår som din
          D7
egen själ en dag, kommer
              am7 / C
att avge sin energi,   som
                  am
en skugga kommen av ljus.

Mikael Gårdhagen
2023-11-04 BODEN

HERREGUD   (1579)1

Intro: am7 C D am7

```
am
Herregud nu öppnar sig
     dm
himlavalvet och fäller tårar
          am /   C
när änglar gråter, för din sorg
  G7                      am7
att se din käras själ ta avsked.
```



```
am
Herregud det känns så fint
      dm
och så hemskt, att se någon
am /  C
födas  för att senare i livet
       G7          am7
se dem dö ifrån oss kära.
```

HERREGUD (1579)2

an
Herregud nu är vi lämnade
 dm   am /
i sorg att minnas ditt lidande,
C
men nu vilar du tryggt i ett
G7   am7
paradis där änglar finns.

am
Herregud vi minns din glädje
        dm
som du utstrålade, som gav oss
                 am / C
värme att älska dig,   som vi nu
G7   am7
saknar när du lämnat livet.

Mikael Gårdhagen
2024-04-20 BODEN

am7
Om några år till är jag
 em /// am7
historia   då kommer det
                 em
att stå på min gravsten:

G   D
Här vilar en man bortom
A7   em
skymning i skuggan av livet.

am7
Enligt somliga är döden
    C   G7
bara början på den själsliga
  am7 / C
resan,   för att upptäcka det
 G7   am7
förlovade landets mysterium.

HÄR VILAR EN MAN (1543)2

```
am7                    C
En glänta i universum där
              G7
vårt medvetande får en fristad
      am7 / C
att existera, bland likasinnade
G7                   am7
när vi lämnat jordelivet.


am7                    C
En dimension där vi finner
         G7
vår sista vila bland nära
      am7 / C
och kära,  som vi tagit farväl
      G7                    am7
av i livet, som vi nu återser.
```

Döden är kanske bara början?

Mikael Gårdhagen
2024-02-05 BODEN

I DIN FAMN   (1571)1

D
På dansgolvet i din famn
                    A7
drabbas jag av kärleksfeber

när vi dansar tryckare och
D   A7
vänslas med kyssar och kramar.

D
På diskoteket dansar vi så att
                        A7
höfterna svänger hit och dit
                            D
och rumporna dallrar som gelé,
                    A7
när vi steppar hit och dit.

Ref.

G   D
I din famn försvinner jag i tid och rymd,
              A7   D
när jag upptäcker din kärlek till mig du kära.

D
I din famn känner jag mig
      A7
trygg och varm när du valsar
        D
mig över dansgolvet, som en
           A7
virvelvind som förtrollar mig.

D
I din famn känner jag en
      A7
rytm som älskar mig, att

vilja vara tillsammans med
D   A7
dig, min kära älskade vän.

Mikael Gårdhagen
2024-04-13 BODEN

am7
I fullmånens sken lyser

himlen upp och ger sinnet
                D /   C
mystik att fundera över, vad
                    am7   D
som gömmer sig i skuggorna.

am7
I fullmånens sken uppstår

magi att se månstrålarna
              D /   C
passera genom träden, och
                    am7   D
ge skepnader liv att dansa.

I FULLMÅNENS SKEN (1526)2

am7
I fullmånens sken ges

tanken kraft att fantisera
        D /   C
om det övernaturliga, som
          am7   D
finns i vrån av vårt sinne.

am7
I fullmånens sken finns
         D /
en dragningskraft av mystik,
C
men som även flyttar på
       am7 D am7
tidvatten hit och dit.

Mikael Gårdhagen
2023-11-24 Umeå

em
I lägereldens låga tänds

hoppet om att få värma
A7 /// C
sig,   och mysa med vänner
  G7   am7 em A7
omkring sig för trevnad.

em
I lägereldens låga lyser

natten upp och skingrar
A7 ///   C
mörkret, som nyss omgav
G7   am7 em A7
oss och ger skuggorna liv.

I LÄGERELDENS LÅGA (1525)2

em
I lägereldens låga finns
        A7 /// C
en uråldrig kraft, som
                G7
vissa har lärt sig att
                        am7 em A7
bemästra, från gnista till eld.

em
I lägereldens låga glöder
        A/ ///   C
kolen röda av värme, som

förmedlar en känsla av en
G7   em
magisk stämning man känner

Mikael Gårdhagen
2023-11-24 Umeå

```
am7           D
I religionens namn

förtrycker vissa

självutnämnda profeter
am7 /                     D /     C  G7  am
folk, med en påtvingad tro.


am7           D
I religionens namn

manar falska apostlar

att si och så ska du
am7 /           D /           C  G7  am
vara, för att bli frälst.


am7           D
I religionens namn

är du bara en viljelös
          am7 /
själ de kan nyttja, för
          D /           C  G7  am
deras egna syften.
```

I RELIGIONENS NAMN (1529)2

```
am7           D
I religionens namn


utser vissa sig själv
         am7 /
som en Gud, som ska
            D /              C  G7  am
frälsa de ogudaktiga.



am7           D
I religionens namn


drabbas folk av ondska,
           am7 /
som dessa despoter
            D /              C  G7  am
utsätter dem för.



am7           D
I religionens namn


skapas en barriär
                 am7 /
mellan dem som tror
            D              C  G7  am  am7
och inte tror på gudar.
```

Mikael Gårdhagen
2023-12-09 BODEN

G
När man var ung och

vild i sinnet var det
D
inget familjetema som
A77   D
gällde, bara att ragga brudar.

G
Då ville man inte ha

nå småttingar som grinade
              D
och bajsade ner sig, när man
          A7   D
skulle kurtisera och få till det.

G
Så när man träffade en

tjej som sa att hon har
    D
barn hemma, då backade
   A7   D
man snabbt ut i det fria.

G
Och sa till bruden: Det

klickar tyvärr inte mellan
D
oss, så det blev tack och
A7   D
hej och nästa tjej.

Mikael Gårdhagen
2024-01-28 BODEN

```
A                         D
Hon är ingen mans trofé
                  A7 / C
för hon är en fri själ, som
                  D
vill träffa en cool kille, som
                          A7
tar hon med på ett äventyr.


A                         D
Hon är ingen mans trofé
                  A7 /  C
för hon har en fri vilja, som
                  D
gör att hon kan välja vilken
                          A7
snubbe hon ska gänga sig med.
```

Ref.

```
C                   D /
Hon är ingen mans trofé.
C                   D /
Hon är ingen mans trofé,
G                           A7 /
så ni kan lägga era känslor på is.
C                   D /
Hon är ingen mans trofé,
G                   A7
så ni kan dra till skogs töntar.
```

INGEN MANS TROFÉ (1565)2

```
A                         D
Hon är ingen mans trofé
                    A7 /
hon vill bara uppleva livet,
C
som det kommer till henne med
D                         A7
kärlek, som skänker henne glädje.


A                         D
Hon är ingen mans trofé

hon vill bara åka på en
A7 / C
hoj   genom livet, för att så
D                             A7
småningom finna kärleken i tiden.
```

Mikael Gårdhagen
2024-04-01 BODEN

em
Ingen talar illa om dem

som dött vid en begravning
 A7 /   C   D
i kyrkan, då är du den finaste
              A7
människa de mött.

em
Även fast du var en elak

person i livet som plågade
       A7 /   C
din omgivning, med mord
           D   A7
och andra ondskefulla hemskheter.

em
Så talar de väl om dig

i kyrkan för att du ska få
          A7 /   C
sona dina synder, och söka
      D   A7
frid i det vi kallar himlen.

INGEN TALAR ILLA OM DE DÖDA (1534)2

em
Ingen talar illa om dem

som varit fördjävliga medan
  A7 / C
de levde, för den djävulen
   D   A7
ska ändå hamna i helvetet.

em
Där står de nu vid graven

för att de blev inbjudna
  A7 / C
att närvara, för att arvet
       D   A7
står dem nära att erhålla.

em
Ingen talar illa om de

döda, för du är som finast
     A7 / C
när du dött, medan de ber
  D   A7
att du kommer till himlen.

Mikael Gårdhagen
2024-01-13 BODEN

Intro: G D A7

D
Jag har en känsla av att
                         A7
kärleken väntar på mig,
                           D /
när jag trevar mig fram i livet,
G   D   G D A7
för att finna just dig kvinna.

D
Jag har en känsla av att
                         A7
ödet är på min sida i livet,
                    D / G
där ja finner kärleken som
                              D
väntar på att blomstra för mig.

Ref.

A7   D
Jag har en känsla som känns underbar,
C   D   A7
när jag tänker på dig kvinna som jag älskar.

JAG HAR EN KÄNSLA (1613)2

D
Jag har en känsla av att
           A7
upptäcka min väg i livet,
       D / G
där jag finner lyckan av
          D   G D A7
att bli älskad av dig kvinna.

D
Jag har en känsla av att
          A7
uppleva varje ny gryning
    D / G
med välbehag, där vi går hand
 D   A7   D
i hand genom livet du och jag.

Mikael Gårdhagen
2024-08-10 BODEN

95

D   A7
Jag skiter väl i gudar för
                            D
jag formar mitt eget öde.
C   A   G
Jag skiter väl i profeter som
                              D
förkunnar att så ska du va.

D   A7
Jag skiter väl i om jag är

konfirmerad för att komma
    D   C
till himmelen, för att bli kyrkligt
A   G   D
antagen och börja resan.

```
D                 A7
Jag skiter väl i om livet

inte är rättvist för de som
D    C                  A
tror, att det finns en övermakt,
G                        D
som ska hjälpa dem i livets skede.



D                 A7
Jag skiter väl i om de tycker
                       D
att jag borde tro på gudar,
C
för att jag vet att det inte
A      G          D
hjälper mig att fantisera.
```

Mikael Gårdhagen
2023-02-04

G6   em G6
De säger: Kanske idag kanske
 A7   C   D /
imorgon, men de vet inte säkert,
G6   em / G6
så de tvekar och säger så   när
                          A7
de inte vet vad som händer.

G6   em G   A7
De säger: Kanske vi träffas imorgon
C   D /   G6
för att fördriva tid tillsammans, om
                                  em /
ni har tid över att mingla med oss
G6   A7
över en fika och snacka om livet.

KANSKE (1430)2

```
G6                      em  G6
Hon säger: Kanske är det du
    A7  C
och jag som vandrar där hand
 D /   G6              em /
i hand, en dag med kärlek
G6                    A7
som ger oss ett öde tillsammans.


G6                    em   G6
Jag säger: Kanske vågar jag tro
   A7  C                  D /
en dag på att livet går min väg,
G6                em /      G6
att uppfylla mina drömmar där
                    A7       A
lycka och kärlek är livet.
```

Mikael Gårdhagen
2023-05-25 Boden

Intro: C D A

```
A7                      D ///
Du kan alltid klaga hos Gud
G                        A7 /
om du tror att det hjälper dig.
C
Men vissa vet att det inte hjälper
A7                      D
dem att gnälla till en övermakt.
```


```
A7                      D ///
Du kan alltid klaga hos Gud
G                        A7 /
för att försöka ändra ditt öde,
C
om du tycker att oturen du
     A7                 D
har i livet är orättvis för dig.
```

```
A7                          D ///
Du kan alltid klaga hos Gud
G
om du har något som du
    A7 /   C
inte gillar, för att du ska få
    A7                      D
upprättelse i gudomlig mening.


A7                          D ///
Du kan alltid klaga hos Gud
G                           A7 /
för att sälla dig till de troende,
 C                      A7
om du nu inte är ateist som
                        D
inte tror på gudars välsignelse,
```

Mikael Gårdhagen
2024-07-11 BODEN

A7
Knasiga Norbert ska gå på dejt
                              D /
med en tjej som han är galen i.

Knasiga Norbert har en plan för
 D   A   D
afton att hålla handen och kyssas.

Knasiga Norbert är så nervös

när han ska bjuda upp till dans,

så att hans knän skakar så att

brudarna tror att han dansar jive.

A7
Knasiga Norbert är en man med
                         D /
en ambition att träffa just dig,
C
men han är så blyg och inte
      D   A   D
framfusig så hur ska de nu gå.

KNASIGA NORBERT (1598)2

A7
Knasiga Norbert vill ju träffa

den där tjejen som han fluktat
D / C
på, för att försöka impa på
D   A   D
henne så att han får till det.

A7
Knasiga Norbert är så kär att
                      D / C
han håller på att bli tokig, så
                            D
därför kallar de honom för knasig,
                   A   D
då han snackar om sin dröm tjej.

A7
Har ni hört knasiga Norbert är kär
                   D /
igen i en ny tjej tydligen.
C
Har ni hört knasig Norbert håller
    D   A   D
på att flörta med sitt sinne igen.

Mikael Gårdhagen
2024-05-11 BODEN

```
G      A /    A7          D /
Vissa säger: Kolla den där,
G                         A /
när de dömer andra varelser,
A7
som de misstänker någonting
D / C                     A7
för, men egentligen inte vet.
```

```
G      A / A7         D /
Det är bara nojiga individer
G                A / A7
som intalar sig att: Det är något
                          D /
med den där, som inte stämmer
C                         A7
med deras förebild av ting.
```

Ref.

```
A           D /   A                    D /
Kolla den där typen hen beter sig så konstigt,
C       D       G           A7
för hen är tanig och går så underligt att det
              D
måste vara nåt.
```

```
G   A /  A7
Man hör då och då någon
D /  G            A /
säga: Kolla den där typen,
A7                    D /
för de har redan dömt någon
C                     A7
och intalat sig själva något.
```

```
G  A / A7
En del upptäcker att de
D /   G
själva dömer andra i sitt
A /     A7
sinne, utan att egentligen
D /  C              A7
veta varför de gör så.
```

Mikael Gårdhagen
2023-08-19 BODEN

A   A7
Nu är det sommar och
      D /
snart dags, för en del av
            A7 /
storstadens ungar, att resa
                        D
ut på landet till deras kollo.

A   A7
Så att de slipper ifrån
            D
dessa asfalterade och gråa
         A7 /
betong gränder, där inga växter
                        D
eller djur trivs att växa upp.

Ref.

C   G7   A7 / C
Han vill bli kollokungen över alla ungar,   för att
         G7   A7/ C
sprida sitt budskap och bus, för allas gemenskap
                A7
och trivsel på kollot.

```
A          A7
Vem av dem ska bli den
           D
där kollokungen som alla
           A/ /
snackar om, för att sedan
                 D
skryta, jag var kungen.


A            A7
Så nu får dessa storstadsungar
                 D
frisk luft på landet, för att
                      A7 /
uppskatta växter och djur
                      D
istället för avgaser och betong.
```

Mikael Gårdhagen
2023-09-05 BODEN

em
Tänk vilken tur vissa

människor i delar av världen
A7
åtnjuter, i form av rinnande
                              em
kranvatten som de kan njuta av.

em
Medan det finns människor

som dör av törst när andra
        A7
badar i sötvatten, och slösar
                              em
med livets värdefullaste elixir.

em
Kranvatten är en gåva från

innovation som tog oss till
     A7
välbefinnande, och ger oss
                    em
tid att slippa bära vatten.

em
Det är det självklara som

vi aldrig fattar att vi ska
          A7
uppskatta i livet, innan vi
                    em
drabbas av umbäranden.

Mikael Gårdhagen
2023-05-14

```
G                 A7
Känner du som jag,
G                 D
känner du som jag,
               A7
är det här de känslorna
                  D
som de kallar för kärlek.


G                 A7
Känner du som jag,
G                 D
känner du som jag,
               A7
som de här känslorna
                  D
jag känner för dig.


Ref.

C                           D       G
Känner du vibbarna av de känslor som omger
        A7 /    G                    D
oss med kärlek. Känner du som jag min älskade.
```

```
G                 A7
Känner du som jag,
G             D
känner du som jag,
              A7
att nu finns en tid då
            D
vi kan älska varandra.



G                 A7
Känner du som jag,
G             D
känner du som jag,
         A7
att nu är det du och
          D
jag och kärleken.
```

Mikael Gårdhagen
2023-09-30 BODEN

KÄNSLOVAKUUM   (1508)1

```
C                         G7
Jag är fångad i ett känslovakuum
        am7 / D
där jag nu     för en tanke i
              am7 /
drömmen om dig, som aldrig
                    D
får mig att sluta att längta.


C                   G7
Jag är förlorad i en öken där
                am7 /  D
tanken står och hägrar, för
                          am7 /
att finna liv där sanden tar slut,
                    D
för att finna en oas av kärlek.
```

Ref.

```
A                         D /
Jag är fångad i ett känslovakuum.
A                         D /
Jag är fångad i ett känslovakuum,
C                               D
där jag har en dröm som kan bli sann.
```

KÄNSLOVAKUUM (1508)2

```
C                    G7
Jag är fångad av en tanke på
                   am7 /   D
att bli älskad av en kvinna, som
am7
dig, som ger mig möjlighet att
D / am7                      D
visa min kärlek till dig med ömhet.


C                    G7
Jag är förlorad i dina ögon som
                   am7 / D
flörtar med mig och säger  jag älskar
am7                      D /    am7
dig, och jag blir så himla lycklig att
                            D
mitt hjärta bara flimrar av kärlek.
```

Mikael Gårdhagen
2023-09-02 BODEN

<h1 style="text-align:center">KÄRA MOR (1594)[1]</h1>

Intro: am

am7
Kära mor jag har idag
       dm
fått veta av far, att du
         am7
snart ska lämna oss
            dm
levande att sörja din bortgång.

am7
Kära mor jag hoppas att
       dm
jag får besked i tid, innan
    am7
ditt frånfälle, så jag kan
        dm
hålla din hand en stund.

114

KÄRA MOR (1594)2

am7
Kära mor döden ändrar
                              dm
ingenting för minnet av dig,

kommer vi att bära med
am7   dm
oss tills döden förenar oss.

am7
Kära mor även fast du är
   dm
dement, så vet jag att ditt
                          am7
väsen känner våran närvaro,
                              dm
och gläds när du somnar in.

Mikael Gårdhagen
2024-05-05 BODEN

115

A7   D
Kära nån nu är det valår

igen då politikerna ska
  A7 /   C
förmedla, sina lögner på ett
        D   A7   D
hållbart sätt för att dupera.

A7   D
Kära nån nu har du en del
                  A7 /   C
partier att rösta på,   allt
                        D
ifrån diktatur till empati
                    A7 D
där politikerna alltid segrar

KÄRA NÅN (1577)2

```
A7   D
Kära nån medborgare nu

har du allt fått nåt att tänka
A7   C
på,  när de lockar dig med
        D                        A7  D
jobbavdrag som bara vissa kan få.


A7   D
Kära nån nu är du en arbetare
                    A7 /      C
som röstar på överklassen, som
                    D
ska frälsa dig med stålar som
                    A7      D
diskriminerar arbetslösa stackare.
```


Mikael Gårdhagen
2024-04-20 BODEN

A7
Jag håller på att värma upp
D
hemma, för att sedan i kväll
              A7 /   G
gå på kärleksparty, för att
                    D
dansa disco hela kvällen.

A7
Jag håller på att fixa till min
D
look, för att tjejerna ska
                    A7 / G
finna min stil attraktiv,   så
                        D
att jag får dansa med någon.

A7
Jag håller på att stryka min
D
skjorta, så att jag blir snygg
 A7 / G
ikväll, när jag möter brudar
                    D   A7   D
som jag vill impa på, för en dans.

A7
Jag håller skenet uppe även
                              D
fast den här kvällen verkar tung,
                         am7 /
när man blir nobbad hela tiden
G   D
av brudar som inte vill dansa.

Mikael Gårdhagen
2024-04-15 BODEN

Intro: A- D- A-

A7
Landsbygdens fiende är

miljöpartiet som vill höja
           D
drivmedelspriserna, så att de
                              A
på landet inte har råd att plöja åkrar.

A7
Landsbygdens fiende är de

politiker som gör det dyrare
              D
att pendla till arbetet, för
                   A
folk att försörja sin familj.

A7
Landsbygdens fiende är

blårockar som inte bryr
      D
sig om inlandet, från norr
         A
till söder och KD instämmer.

A7
Landsbygdens fiende är

politiker som inte vill satsa
       D
på infrastruktur, som gynnar
          A
lantisar som norrbottningar.

Mikael Gårdhagen
2024-04-29 BODEN

Ref.

```
A    D                 am7 /
```
Lev idag dö en annan dag.
```
A    d                 am7
```
Lev idag dö en annan dag,
```
C                       am7
```
för att fånga här och nu.

Intro. am7

```
C
```
Du kan göra det nu eller
```
     dm
```
bara dö utan att du har
```
             am7 /  G7
```
uträttat någonting,   som gör
```
                    am7      dm  am7
```
att det känns som att du lever.

Du kan fatta beslut som känns
```
             dm
```
tveksamma ibland, när ödet
```
                     am7 /
```
står och väger för eller emot,
```
G7                    am7
```
att välja rätt för att lyckas.

C
Du kan göra det nu eller
        dm
tveka en stund och inte göra
      am7 / G7
någonting,   för att sedan
                                    am7   dm am7
ångra dig i all evighet av ditt liv.

C   dm
Du kan leva idag för att dö
               am7 /
en annan dag för att njuta,
G7   am7 /
och bara försöka övertala sinnet,
dm   am7
att överleva en dag till i livet.

Mikael Gårdhagen
2024-02-03 BODEN

am7
Lär dig att älska igen innan
                                E7
det är försent att återvända,
                      am7
från den avgrund som din
                                        em
själ håller på att falla ned i.

am7
Lär dig att älska igen innan
                           E7
du förlorar din tro på kärleken.
                   am7
Lär dig att älska igen innan ditt
                              em
liv förtvinar av att bli oälskad.

Ref.

G   A7 /// G   A7 ///
Lär dig att älska igen,   lär dig att älska igen,
G   D /// G   A7
och nollställ ditt sinne, för att älska någon igen.

am7
Lär dig att älska igen innan
               E7
din tid här i livet tar slut,
            am7
och du i dödslandet bara får
                  em
konstatera att du lidit i onödan.

am7
Lär dig att älska igen innan
                 E7
du förlorar din tro på dig själv.
        am7
Lär dig att älska igen innan din
                  em
tanke försvinner i skuggor av tvivel.

Mikael Gårdhagen
2023-09-26 BODEN

MED TÅRAR   (1568)1

A7
Idag ska jag gå till kyrkan

för att begrava en vän till
D7
mig, kanske jag fäller en tår
                        A7   D
när psalmer gör mig berörd.

A7
Klädd i svart går jag ut från

begravningslunden till gravölet
     D7
med tårar, för att minnas min
                         A7   D
vän tillsammans med hans kära.

A7
Kära som ännu sörjer hans

bortgång med tårar som vi
           D7
vet torkar med tiden, men

                  A7   D
påminner oss om att livet är så skört.

A7
Somliga går på minnesstunden

utan tårar innan likplundringen
D7
börjar, som sliter syskon isär
             A7   D
för att bli bittra fiender i livet.

Mikael Gårdhagen
2024-04-09 BODEN

em
Ibland känns det som jag

är mittemellan död eller
A7 /   em
levande, när mitt liv står
                    A7   C D A7
och väger inför en skiljeväg.

em
Ett vägval som kan avgöra

ens liv om man väljer rätt
    A7 / em
eller fel, som avgör hur ödet
                  A7   C D A7
ska påverka ens livsöde.

em
Ett djävulskt öde som bleker
                    A7 /
de fördömda att lida i solljus,
em
som avgör om deras själ av
A7 /   C   D   A7
skugga försvinner in i vrår av livet.

em
Ibland ett liv i fullkomlig
                      A7 /
harmoni som bara upplevt lycka,
em   A7 / C
utan att ofredas av ondska   som
            D   A7
skulle fördärva deras levnad.

Mikael Gårdhagen
2024-02-24 BODEN

D   Dsus4
Naiva Siv blev ihop
          D
med en idiot som klådde
               Dsus4
henne gul och blå då och
A7   D
då, men hon var trofast ändå.

D   Dsus4
Naiva Siv säger att han
               D
ger mig i alla fall blommor
               Dsus4
och säger förlåt, dagen
A7   D
efter han varit förjävlig.

```
D      Dsus4
Naiva Siv är väldigt
                  D
förlåtande även fast hon
        Dsus4
blir misshandlad, både
A7              D
fysiskt och psykiskt.
```


```
D      Dsus4
Naiva Siv säger att han
                    D
bestämmer vad jag får
            Dsus4
göra och inte göra, men
  A7                  D
att drömmen lever ändå.
```

Mikael Gårdhagen
2024-05-05 BODEN

Ref.

```
G              A7 ///   G
Jag har slutat drömma för
                        D        2 ggr
jag lever drömmen just nu.
```

```
A7            D ///  A7           D ///
Nu känns det bra,  nu känns det bra,
G                  A ///  D
för jag är nöjd och glad i sinnet.
```

```
G                          D /
Jag har allt jag önskat mig i livet,
A7                    D
som nu blir till en verklighet.
```

```
A7            D ///  A7           D ///
Nu känns det bra,  nu känns det bra,
G            A ///               D
för jag har en kvinna som älskar mig.
```

Ref.

```
G              A7 ///   G
Jag har slutat drömma för
                        D        2 ggr
jag lever drömmen just nu.
```

```
A7              D /// A7            D ///
Nu känns det bra,  nu känns det bra,
G         A7 ///                 D
för jag har vänner som ställer upp.


G                       D /  A7
Jag har allt jag vill ha utan att
                              D
behöva sakna någonting i livet.


A7              D /// A7            D ///
Nu känns det bra,  nu känns det bra,
G                    A7 ///      D
För jag längtar inte efter någonting.


Ref.

G               A7 ///    G
Jag har slutat drömma för
                      D         2 ggr
jag lever drömmen just nu.
```

Mikael Gårdhagen
2024-02-17 BODEN

```
am7
De stunder när jag är

ensam då tänker jag
  C              G7
på dig, och den längtan
                    am       C  dm  am
bär jag med mig i tanken.


am7
De stunder som går förlorade
                         C
utan dig gör ont i min själ,
                     G7
när jag är ensam och utan
                          am
din kärlek som kan trösta mig.


Ref.

C                       dm      am / C
När jag är ensam så förstår jag nu,  varför
                     G7
skuggorna fladdrar och drar sig undan ljusets
am7 / C                              dm     am
låga,    där vekens kärlek förkolnar av glöd.
```

```
am7
De stunder då jag ser
                C
din avbild i mitt minne,
               G7
så gråter mitt hjärta av
                    am      C  dm  am
sorg av att inte bli älskad.


am7
De stunder då jag tror

mig höra din ljuva
C
stämma säga, att du
G7                    am
älskar mig av fantasi.
```

Mikael Gårdhagen
2023-09-29 BODEN

Intro: cmaj7 G6 D

G   D
När minnen växer till liv

i vårt sinne för att ge oss
              A7
dåtiden tillbaka, att minnas
                        D
det som var glömt i tiden.

G   D
När minnen växer till liv

för att andra människor
              A7
påminner oss, när vi umgås
                          D
och talar om det som var en gång.

NÄR MINNEN VÄXER (1581)2

```
G                        D
När minnen växer till liv

som både påminner oss om
                A7
glädje och sorg, där tiden har
                                    D
skonat våra känslor från tid som flytt.


G                        D
När minnen växer till liv

för att ge oss gåvan, att
                    A7
glädjas åt de ljuva stunder
                        D
som varit, som vi nu minns.
```

Mikael Gårdhagen
2024-04-22 BODEN

NÄR ÖDET KALLAR   (1522)1

Intro: em A7 em

em
När ödet kallar dig till
   C
bankett för ett livsavgörande
    G7   A
ögonblick, som ger dig sorg

eller lycka att uppfatta.

em
När ödet kallar ditt väsen
    C
fredlös i en tid då du ska
G7   A7
dö, men du kämpar för att
                        em
hålla dig vi liv en dag till.

Ref.

C   D / G   em /
När ödet kallar på dig då får du veta sanningen.
C   D / G   em
När ödet kallar på dig då får du veta sanningen,
A7   em
om dödens rike

em
När ödet kallar på din
C
själ då du är på väg att
G7   A7
dö, för att du nått din
                          em
vägs ände här och nu.

em
När ödet kallar på din
             C
uppmärksamhet, för att
  GG7
ge dig en förnimmelse om
A7   em
den framtid som väntar på dig.

Mikael Gårdhagen
2023-10-21 BODEN

A   D
Pagla togs i bruk år 1900 och
                      A7 /
var en del av Bodens fästning,
C   D
som sedan också blev en plats
                                  A7
där vintersporter utövades med skidor.

A
Där idrott som längdskidor och
    D
skidskytte var de första sporter att
A7 /   C   D
utövas, innan backhoppning och slalom
                              A7
stod på programmet för idrottslystna.

```
A                               D
Pagla en stadion som fostrat

idrottsklubbars atleter till att ta
   A7 /  C                     D
en plats,  i nationens landslag, för att
                                     A7
representera Sveriges färger med stolthet.



A
För att en dag kanske stå på ett
D                               A7 /
podium med en medalj eller pokal,
C                               D
och tillägnas ära och berömmelse till
                                A7
Sveriges nationalhymn som bekräftar seger.
```


Mikael Gårdhagen
2024-03-28 BODEN

Intro: A7 D A

```
A                        D
Nu är det panik i trollfabriken
                         A7 /
där de skapar anonyma konton,
C                   D
på sociala medieplattformar
                         A7
för att håna och desinformera.
```


```
A                        D
Nu är det panik i trollfabriken
                         A7 /
för att de har blivit avslöjade,
C                        D
för att TV4 infiltrerade deras håla
                         A7
och uppmärksammade deras svek.
```


Ref.

```
G                   D
Nu är det panik i trollfabriken.
G                   D
Nu är det panik i trollfabriken,
A7                      D
för de har en mullvad på insidan,
G                   A   D
som skapar kaos bland trollen.
```

A   D
Nu är det panik i trollfabriken

för att troll är fega och lömska
A7 /   C   D
typer, som avskyr dagsljus för
                              A7
att dölja sina lögner i skymning.

A   D
Nu är det panik i trollfabriken
                              A7 /
för att public service har fått nys,
C   D
om att det finns troll som utgör
                          A7
ett säkerhetshot i riksdagen.

A   D
Men det moraliska vansinnet att få regera
                      A7 /   C
nationen är viktigare än skymfen, då politiker
              D   A7 /
väljer att förnedras, för att behålla makten
D   A
med en arme av troll.

Mikael Gårdhagen
2024-05-16 BODEN

Ref.

```
G                 A7 /  C
Ett panikragg i afton för att lyckas
                D /     G            A7 /
med kärleksrabatten, och fullborda akten,
G        D /                 am7   D
för att få gänga utan att bli nobbad.
```


```
am7
Innan kvällen håller på att ta
D7
slut och den sista tryckaren ska
am7 /  C               D
dansas, för att förgylla aftonen
                          am7
med en eventuell tjej i famn.
```


```
am7
Så börjar en del snubbar som
      D7
inte fått napp att fundera på
    am7 /  C
panikragg,     och fyndar i baren
D                           am7
efter skadat gods som blivit över.
```

PANIKRAGG (1553)2

Ref.

```
G                   A7 /  C
Ett panikragg i afton för att lyckas
                D /     G              A7 /
med kärleksrabatten, och fullborda akten,
G        D /                am7   D
för att få gänga utan att bli nobbad.
```


```
am7
För att lyckas få till en flört
                 D7
innan kvällen tar slut, utan
           am7 /   C
sällskap för natten, så sprider
           D           am7
sig paniken att bli utan ragg.
```


```
am7
Så nu börjar en lustig jakt
           D7
på den där bruttan som de
    am7 /  C
ska bärga, för att lyckas med
D                      am7
raggets syfte att få  till det.
```


Mikael Gårdhagen
2024-02-28 BODEN

D
På läktaren sitter en del
    A7
världsmästare och dömer
        D
och kommenterar, matchen
            A7
som spelas för att de vet bäst.

D
Där sitter de eller står på
     A7
näsblodsläktaren och skriker
     D
okvädesord, med sina barn som
           A7
ser sin far bete sig som en idiot.

D
På läktaren sitter de som
    A7
bara vet att så där ska de
     D
minsann spela, för att vinna
        A7
sina matcher och erövra bucklan.

PÅ LÄKTAREN VET MAN MINSANN BÄST (1538)2

D
På läktaren är alla världsmästare
      A7
när de hånar och dömer andra
        D
idrottsutövare, som gör sitt bästa
         D
för sin nation.

D
Medan de på apläktaren bränner
  A7
bengaler och skjuter raketer mot
        D
publikens barn, som sitter och
          A7
tittar på matchen.

D
För dessa dårar vill bara
      A7
skapa kaos och slåss efter
         D
matchen är avgjord, utan
          A7   D
att respektera sitt lag.

Mikael Gårdhagen
2024-01-30 BODEN

Intro: C2 G D

A7
Sex och alkohol är inget man
          D /   C
ska hålla på med, för det kan
                    G7
strula till sig utav tusan, med
                      D   C2 G D
en oannonserad liten parvel.

A7
Så efter 9 månader kommer det
                          D /
genom lycksalighetsporten ut,
C
en liten rackare som tittat på
G7   D
dig med sina små näpna ögon.

Ref.

G   D A7   D /   C
Sex och alkohol då kan det gå snett, när omdömet
       D /   A7   D
är marinerat med en procent för mycket.

```
A7
Som gnyr tjena farsan här är
                    D /
jag som du ska pynta för,
C                       G7
med en amortering på 18 år,
                    D     C2  G  D
och torka mitt bajs med blöjbyte.


A7
Så det kan strula till sig utav
                D /
tusan, när ni tar en bläcka,
C                   G7
och blir kåta utan kondom,
                D
kan bli en dyr blunder.
```

Mikael Gårdhagen
2024-08-10 BODEN

SJÄLAVÅRD   (1572)1

A7
När anhöriga sjunger för dig
  D
i kyrkan och ber att du ska
          A7
finna frid i paradiset, där
                    D
änglar ger dig själavård att vila.

A7
Efter att Dödermakaren snidat
  D   A7
din kista, för att sänkas i graven
                  D
lämnas du nu över till en Gud,
                    A7   D
som ska benåda eller bannlysa dig.

SJÄLAVÅRD (1572)2

A7
Själavård för dig som reser
                          D
från livet till dödens rike,
                              A7
för att finna förfäders kärlek
                              D
där du finner värme som glädje.

A7
Där förfäder och älskade välkomnar
D   A7
dig att förenas i paradiset, för
                              D
att leva vidare i de käras minnen,
                          A7 D
när de ser stjärnor på himlen.

Mikael Gårdhagen
2024-04-13 BODEN

am7
Vid skiljevägen står ditt

öde och balanserar medan
dm   am7 /
du ska välja rätt eller fel,
C   am7
i ett livsavgörande ögonblick.

am7
Vid skiljevägen möts både
                  dm
skymning och gryning, där

forna skuggor bleknar i dags-
am7 / C   am7
ljus,   när horisonten syns.

SKILJEVÄGEN (1539)2

am7
Vid skiljevägen börjar

uppståndelsen för att möta
    dm   am7 /
din framtid som du valt,
                        am7
även om den blev fel.

am7
Vid skiljevägen börjar
            dm
du ditt nya liv, när du
            am7 / C
lämnar ditt ex,   utan
                am7
att titta i backspegeln.

Mikael Gårdhagen
2024-02-03 BODEN

am7
Vi samlas till sorgvaka

för att visa empati och
dm7
kärlek, till vår vän som
                        am7   dm7
snart ska lämna oss att minnas.

Vi samlas till sorgvakan

för att ta farväl av en god

vän, som nu snart ska

lämna oss nära att sörja.

SORGVAKA (1576)2

am7
Vi samlas till sorgvakan

där nära och kära berättar
      dm7
om den tid, som förflutit
            am7   dm7
medan vår kära vän somnar in.

am7
Vi samlas till sorgvakan

där en syster till den bortgångne
  dm7
berättar, jag såg henne
              am7 dm7
födas och nu hennes död, tyvärr.

Mikael Gårdhagen
2024-04-20 BODEN

```
am7  D /   C                 am
Natti, natti, blunda och sov gott.
am7  D /   C                 am
Natti, natti, blunda och dröm sött.
am7  D                 C
Natti, natti, och vila för ögonlocken
        am
känns tunga.


am7  D /   C                 am
Natti, natti, blunda och sov gott.
am7  D /   C                 am
Natti, natti, blunda och dröm sött.
am7            D
För du kan vila tryggt, när änglar
C          am
vakar över dig.


Ref.

dm   am7 / C                 am /
Natti, natti, blunda och sov gott.
dm   am7 / C                 am /
Natti, natti, blunda och sussa sött.
dm   am7 / C                     am
Natti, natti, när drömmen vaggar dig.
```

SOV GOTT (1531)2

```
am7  D /   C                 am
Natti, natti, blunda och sov gott.
am7  D /   C                  am
Natti, natti, blunda och dröm sött.
am7  D /
Natti, natti, och dröm om alla
C                      am
lyckliga stunder som varit.


am7  D /   C                 am
Natti, natti, blunda och sov gott.
am7  D /   C                  am
Natti, natti, blunda och dröm sött.
am7  D
Natti, natti, och somna för att
C            am
vakna utvilad imorgon,
```

Mikael Gårdhagen
2023-12-16 BODEN

Intro: G6 em G6 A7

D
Du skulle gå på en
     A7
speed date för att lyckas
     D /   G
träffa en kvinna, som
       A7
matchar din profil.

D
Men du visste att du
  A7
var flint fet tandlös och
     D /   G
med puckelrygg, och att
         A7
chansen var lika med noll.

D
Men du tog mod till dig
    A7   D / G
att genomföra uppgiften, att
       A7 /
möta dessa kvinnliga väsen
G   D   A7
som förmodligen känner olust.

SPEED DATING (1523)2

D
Den olust som dessa
      A7
kvinnor känner inför din
 D / G
åsyn, är den bekräftelse
           A7
på din egen fulhets hägring.

D
Men jag sa åt tjejen jag
      A7
har ingenting att dölja, och
        D /
la ut löständerna i vinglaset,
G   A7
så det är väl en lös sanning.

D
Så det är väl det som
      A7
kallas för skräckmöte, när
       D /
damen springer ifrån dig
G   A7
skrikandes innan klockan klämtar.

Mikael Gårdhagen
2023-10-28 BODEN

SPRID ETT LJUS (1597)1

Intro: G7 dm am7

am7
Sprid ett ljus till alla
                D
världens mörka vrår, för att
                        am7
visa att kärleken existerar,
                        D
för dem som mist sitt hopp.

am7
Sprid ett ljus till alla
D
dem, som ännu inte funnit
          am7
tröst av kärlek, som ger
                    D
dem frid som kära själar.

Ref.

A7
Sprid ditt sken för att fördriva
D /   G
tvivel, så att ondskan inte får
A7 / C   D /
fäste, att förakta ditt sinne,
G   A7
som av godhet delar kärlek.

SPRID ETT LJUS (1597)2

am7
Sprid ett ljus till alla
D
dem som lever i skuggorna
  am7
av livet, för att tala om
         D
att kärleken är odödlig.

am7
Sprid ett ljus till alla
     D
av omtanke att värma
      am7
de vilsna själar, som lever
          D
i skuggan av kärlekens låga.

Mikael Gårdhagen
2024-05-08 BODEN

SÄTT MIN VÄRLD I BRAND   (1564)1

Intro: A7 D A7

G
Jag har en längtan och en
    A7   D /
fantasi om dig underbara kvinna.
G
Jag har en dröm om att få
     A7   D
älska dig en dag och krama dig.

G   A7
Jag hoppas och tror på att du
                  D /
ska finna min kärlek trovärdig,
G
när du ser min ödmjukhet av
A7   D
kärlek omhulda dig med värme.

Ref.

C   D
Jag har sett din charm kvinna
               A7 /
och mina ögon säger åt sinnet,
                  D
sätt min värld i brand med kärlek.

SÄTT MIN VÄRLD I BRAND (1564)2

```
G                         A7
Jag har en dröm om dig kvinna
                        D /
som du kan uppfylla med kärlek,
G                     A7
om du bara älskar min närhet
                  D
att få ge dig av min kärlek.


G                           A7
Jag ger dig min hand för att
                D /
be dig följa med mig, på en
                  A7
vandring genom livet, för att
                              D
upptäcka kärlekens helande magi.
```

Mikael Gårdhagen
2024-03-29 BODEN

A
Tant grå är ingen man
        D
jiddrar med, hon har koll
    A7
på läget, hon säger ifrån
                        D
utan krusiduller minsann.

A
Tant grå är ingen man
        D
jiddrar med, och det kan
                        A7
inte du gubbstrutt ändra på,
                    D
för hon är en panter i grått.

TANT GRÅ (1583)2

A
Tant grå är ingen man
     D
jiddrar med, för hon har
             A7
uppnått en ålder av visdom
            D
där elaka gubbar är passé.

A
Tant grå är ingen man
     D
jiddrar med, utan att få
     A7
en spark i skrevet, om du
           D
försöker råna henne på gatan.

Mikael Gårdhagen
2024-04-26 BODEN

Intro: am C am

am7
Vissa av oss mäklar fred
    C   G7
med tiden medan vi vissnar,
                      am7 / C
innan evigheten tar vid   för
                           am
tiden är knapp för vissa av oss.

am7
Vissa av oss mäklar fred
    C   G7
med dåtiden för att glömma
      am7 /   C
dåliga minnen, för att njuta
                      am
av nuet och möta framtiden.

TIDEN ÄR KNAPP (1559)2

```
am7                          C
Till minne av en förfluten tid
                      G7
som nu passerat förbi vrår av
              am7 / C
mänsklig levnad,   innan evigheten
                                 am
tar vid och förvandlar oss till stoft.


am7
I en annan tid i en annan
     C              G7
dimension där själar möts, för
         am7 /      C
att hålla drömmen, om paradiset
                        am
vid liv, och möta härligheten.
```


Mikael Gårdhagen
2024-03-23 BODEN

G
Vänskap utan tårar är som
                    D
kärlek som aldrig sinar, och
                    A7
skänker glädje i livet, till de
                        D
lyckliga som slipper svek.

G
Golf utan tårar är som en
D
seger utan att vinna den
    A7
där bucklan, som ger
                    D
förloraren tid att reflektera.

Ref.

C   D /
Utan tårar får vissa av oss leva lyckliga en tid,
G   A 7
utan att drabbas av sorg, som fördärvar de liv
                    D
vi lever här och nu.

UTAN TÅRAR (1560)2

G
Sport utan tårar är som att
          D
simma medströms, för att
               A7
omfamna vinnaren med glädje,
            D
och njuta av segerns sötma.

G
Kärlek utan tårar är att ge
  D   A7
och ta utan att såra varandra,

för att bara njuta av att vara
 D   A7   D
tillsammans och ge kärlek.

Mikael Gårdhagen
2024-03-24 BODEN

169

am7
Vad du vill är kanske

inte vad ödet ger dig
        D / am7
chans till, att bli eller
                D
leva upp till i livet.

am7
Vad du vill är kanske

bara en längtan till någonting
                        D /
som aldrig kommer att ske,
am7   D
men du kan alltid hoppas.

Ref.

C   A7 /
Vad du vill är kanske inte,
C   A7 /
vad du vill är kanske inte
C   A7 /
vad din tid i livet räcker till,
C   A7 /
för att ödet inte är på din sida.

VAD DU VILL (1512)2

am7
Vad du vill är kanske

den framtid du kan se
    D /   am7
framemot, som välkomnar
                          D
dig med värme och glädje.

am7
Vad du vill är kanske

vad du har förväntat
D / am7
dig, när du står i dödens
                       D
skugga och inser ditt öde.

Mikael Gårdhagen
2023-09-16 BODEN

A7
Vad är status för något är
                    D
det kanske bara ett begrepp,

för dem som känner sig
                A
skitviktiga än andra.

A7
Vad är status för dig som

lever i skymundan, men
                D
respekterar din livssituation
                    A
utan att vara missunnsam.

A7
Vad är status för dig

som ser att andra ger sig
   D
på dem, som har det kärvt
          A
i samhällets nedre skikt.

A7
Vad är status om du

ändå beter dig som en
D
idiot, mot andra människor
         A
som du förnedrar av ondska.

Mikael Gårdhagen
2024-05-01 BODEN

am7
Vet du vad Hälge nu
         dm
har dessa politiker lagt
                    am7 / C
ner värnplikten för folk,   ja
   am7 / C   am7
för fan   för dessa jäkla moderater.

am7
Vet du vad Hälge nu
            dm
har de jobbavdrag för dem
                         am7 /
som vill känna sig märkvärdiga,
C   am7 C   am7
ja för fan   för dessa jäkla moderater.

am7
Vet ni vad nu har de
                dm
halverat arbetsförmedlingen
                      am7 /
för att förslava arbetslösa,
C   am7 / C   am7
Denna jäkla moderata ideologi.

am7
Vet du vad Hälge nu
             dm
har de strypt kulturstödet
              am7 /
för att skapa en demokratur,
C   am7 C   am7
dessa jäkla moderata politiker.

am7
Vet du vad medborgare nu
         dm
har krisdemokraterna ett
           am7 / C
affischnamn som E B,   som ser
am7   C   am7
ut att representera en vitmaktsgrupp.

am7
Vet du vad medborgare nu
            dm
har du som röstat på S D:s
             am7 /
diskriminering blivit en rasist,
C   am7 C   am7
som säger att   brun är den enda färgen.

Mikael Gårdhagen
2024-02-03 BODEN

```
G6       D        A7
Vi lever nu och det ska
              D      G6
vi ta vara på så länge vi
D                       A7
lever, för att bara älska
                           D
varandra tills livet upphör.


G6       D        A7
Vi lever nu för att bara
                  D
umgås med varandra, och
G6   D            A7
ge kärlek till den andres
                          D
glädje, att upptäcka lyckan.
```

Ref.

```
C       A7 C       D  C        A7 C          D
Vi lever nu, vi lever nu, vi lever nu, vi lever nu
A                A          C        A7 C         D
för att upptäcka kärleken. Vi lever nu, vi lever nu
A            D
för varandra av kärlek.
```

```
G6        D        A7
Vi lever nu för att finna
                  D        G6
en anledning till att vara
 D                         A7
tillsammans, för att se om
                           D
det blir du och jag av kärlek.


G6        D        A7
Vi lever nu för att se vad
          D        G6
tiden ger oss för ultimatum,
 D                         A7
när ödet har sammanfört oss
                           D
två för att utvärdera framtiden.
```

Mikael Gårdhagen
2023-08-27 BODEN

```
am7
Visionernas horisont är en
  C                 G7
utopi av oändlighet bortom
                  am7     D
det som man kan se, och tänka
                              am
sig att fantisera om i sinneslandet.


am7
Visionernas horisont är också
  C                 G7
där gränsen av vår förståelse
      am7           D
för universum, detta oändliga
                      am
kosmos vi inte kan se bortom.
```

VISIONERNAS HORISONT (1505)2

am7   C
Vintergatan vår galax roterar
            G7   am7
i en spiral med olika mönster,
       D
med stjärnor i skyn som gett
                        am
namn åt olika stjärntecken.

am7
Visionernas horisont kan vara
    C   G7
en längtan som man aldrig kan
    am7   D
förgylla, för att man vet att
                        am   D
det är omöjligt att infria.

Mikael Gårdhagen
2023-08-20 BODEN

VÅR FLAGGA VAJAR STOLT (1608)1

Intro: C D A

A7
Vår flagga vajar högt där uppe
 D
i skyn och gör nationen stolt
              A7
över ett gult kors, som syns på
                      D
långt håll mot en blå himmel.

A7   D
Vår flagga som är blå och gul,

står för demokrati och rättvisa,
                A7
där rätten att uttrycka sina egna
                      D
åsikter står skrivet i skyn.

Ref.

C   D   A7
Vår fana vajar stolt högt där uppe i det blå
                      D
för att representera Sverige.
C   D   A7
Vår fana vajar stolt högt där uppe i det blå
                      D
för att minnas forna tider.

A7
Vår flagga vajar fritt där uppe
 D
i skyn, så länge fred råder i vårt
A7
land, som vi är beredda att försvara
                          D
om den lede fi förklarar krig.

A7
Vår flagga vajar för alla de
              D
hjältar som dog, för att andra
                            A7
människor skulle få leva i frihet,
                        D
och älska varandra vördnadsfullt.

Mikael Gårdhagen
2024-05-25 BODEN

VÄSEN (1589)[1]

Intro: am7 D7 am

am7
Somliga av oss tror på
                dm
väsen omkring oss, som
          G7
ger sig till känna och ger
                      am
oss förnimmelser över tid.

am7
En närvaro som vissa av
                    dm
oss känner som obehag i
                    G7
deras vardag, medan andra
                  am
söker kontakt med väsen.

VÄSEN (1589)2

am7
Somliga hänger sig åt att

hålla seanser för att framkalla
        dm
de dödas ord, i de efterlevandes
G7   am
öron som vissa nu tror på.

am7
En närvaro som nu ger sig

till känna, när stearinljusets
dm   G7
låga får skuggor att dansa,
            am
och väsen uppstår i sinnet.

Mikael Gårdhagen
2024-05-01 BODEN

183

ÄLSKAR ÄLSKAR INTE   (1549)1

A7
När jag var ung så plockade
                        D
man blad ifrån prästkragar, och
A7 /   D   C
sa: Älskar älskar inte, det var
            G7   am7
ett slags slumpens val av kärlek.

A7
Ett slags dåtidens karusell
                  D
då idiotin inte spelade någon
     A7 /   D
roll i livet, innan man visste,
C   G7   am7
att slumpen avgör ditt livs öde.

Ref.

C   am7 / G6   D /
Jag älskar älskar inte,   du älskar älskar inte.
C   am7 / G6   D /
Jag älskar älskar inte,   du älskar älskar inte.
                              am
Slumpen valde vårt öde.

```
A7
När jag var ung var allt en
            D
lek innan alvaret började att
A7 /          D   C
gro, för jakten på att träffa
   G7                am7
rätt tjej att gänga sig med.


A7
Ett slags mänskligt driv att
               D
föra sina gener vidare, för att
   A7 /            D
leva vidare genom tidevarven
 C            G7     am7
av alla dessa generationer.
```

Mikael Gårdhagen
2024-02-24 BODEN

am7
Är det någon där ute
                    C
som förstår hur det är
          em /   G7
att leva ensam, och bara
                      am7 em
höra sin egen röst eka.

am7
Är det någon där ute
                    C
som hör min röst eka
            em /   G7
ut i nattens mörker, så
                    am em
att någon kan svara mig.

Ref.

G   em G6
Finns det någon som du, som bryr sig om
      D /   am7   em
andra människor, som känner sig ensam.

```
am7
Är det någon där ute
                C
som vet hur det känns
        em /    G7
att leva ensam, utan att
                        am7 em
ha någon att samtala med.


am7
Är det någon där ute
         C
som vill skänka en
              em /      G7
ensam själ vänskap, som
                   am7 em
varar genom livets mödor.
```

Mikael Gårdhagen
2023-11-24 Umeå

Intro: cmaj7 G7 am

am7
Jag har funderat över våran
                                D
relation mellan dig och mig,
                            am7
om du är värd min kärlek som
                          D
jag ger till dig min älskade.

am7
Är du mottaglig för min charm

av kärlek som jag skänker till
D
dig, som jag älskar av hela mitt
am7   D
hjärta för att dela min glädje med.

Ref.

G   D
Är du värd min kärlek älskade.
G   D
Är du värd min kärlek älskade.
C   A7
Jag önskar hoppas och längtar
G   D
av hela mitt hjärta du älskade.

ÄR DU VÄRD MIN KÄRLEK (1578)2

am7
Vågar du att visa vad du

känner om jag öppnar mitt
            D
hjärta för dig, för att visa att
      am7   D
du är värd min kärlek att älska dig.

am7
Nu står vi två i en öken där

en hägring av kärlek syns i
D
fjärran, för att guida oss genom
am7   D
sanden till evig kärlek som består.

Mikael Gårdhagen
2024-04-20 BODEN

ÄRDESÅ   (1562)1

Intro. C D A7

D   A7 D   A7 /
Ärdeså, ärdeså   att du vill vara

tillsammans med mig du kvinna.
D   A7 D   A7 / G
Ärdeså, ärdeså   att du vill möta
                                    D
framtiden tillsammans med mig.

D   A7 D   A7 /
Ärdeså, ärdeså   att du är den som

väntar på mig du älskade kvinna.
D   A7 D   A7 / G
Ärdeså, ärdeså   att du är den som
                                    D
längtar efter min kärlek du kvinna.

Ref.

D   A7 D   A7 /
Ärdeså, ärdeså   att du älskar mig.
D   A7 D   A7 /
Ärdeså, ärdeså   att du älskaar mig.
D   A7 D   A7 / D   A7 D   A7 / D   A7
Ärdeså, ärdeså   Ärdeså, ärdeså   Ärdeså.

ÄRDESÅ (1562)2

```
D    A7 D    A7 /
```
Ärdeså, ärdeså   att du vill känna

min kärlek till dig du kvinna.
```
D    A7 D    A7 / G
```
Ärdeså, ärdeså   att du bara vill
```
                              D
```
känna samhörighet av kärlek.


```
D    A7 D    A7 / G
```
Ärdeså, ärdeså   att vi har en framtid
```
                         D
```
att se framemot du och jag.
```
D    A7 D    A7 / G
```
Ärdeså, ärdeså   att vi älskar varandra
```
                         D
```
av rätt anledning med kärlek.

Mikael Gårdhagen
2024-03-28 BODEN